LES SOULIERS
MORS-DORÉS,
OU
LA CORDONNIERE
ALLÉMANDE,
COMÉDIE-LYRIQUE.

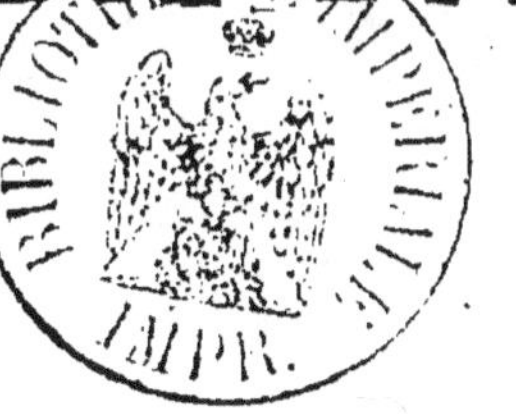

LES SOULIERS MORS-DORÉS, OU LA CORDONNIERE ALLEMANDE,

COMÉDIE-LYRIQUE; EN DEUX ACTES:

Représentée pour la première fois, sur le Théatre des Comédiens Italiens Ordinaires du ROI, *le Jeudi 11 Janvier 1776.*

Prix 1 liv. 4 sols.

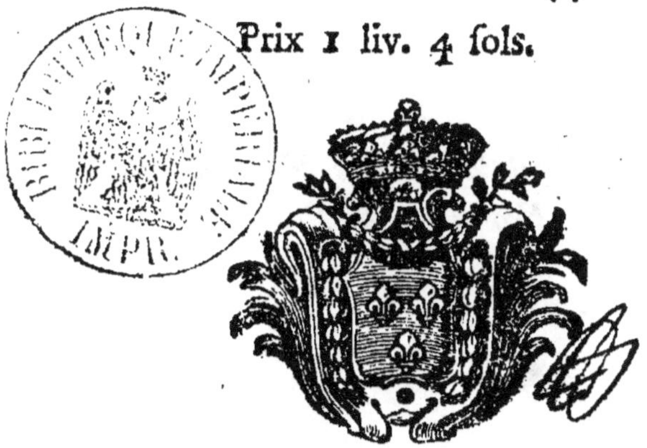

A PARIS;
Chez VENTE, Libraire des Menus-Plaisirs du Roi, & des Spectacles de Sa Majesté, au bas de la Montagne Sainte-Geneviève.

M. DCC. LXXVI.

PERSONNAGES.

LE BARON DE PIÉCOURT, *Capitaine de Dragons.*	M. CLAIRVAL.
MICHEL, *son Valet.*	M. TRIAL.
SOCK, *Maître Cordonnier.*	M. NAINVILLE.
ODILE, *sa femme.*	Mme. TRIAL.
HANZ, *fils de Sock.*	M. GAILLARD.
UN BRIGADIER DE DRAGONS.	M. SUIN.

LA SCÈNE est dans une Ville d'Allemagne, Frontière de France.

LES SOULIERS MORS-DORÉS, OU LA CORDONNIÈRE ALLEMANDE, *COMÉDIE-LYRIQUE.*

ACTE PREMIER.

Le Théâtre représente une chambre de Militaire, dans le fond une espèce de bibliothèque garnie de chaussures, de chaque côté une porte couverte d'une portière ; une table, quelques chaises, &c.

SCÈNE PREMIÈRE.

LE BARON, MICHEL.

(Michel entre en redingotte, une lanterne à la main : il allume une bougie qui se trouve sur une table ; le Baron le suit en uniforme, par-dessus un domino couvert d'un wilschouras : puis il se jette dans un fauteuil).

MICHEL.

ARIETTE.

QUELLE fureur d'aller danser
La nuit entière !
Se trémousser
Dans la poussière !

Se haraſſer !
Tandis qu'au milieu de la rue,
De froid claquant
Dent contre dent,
En attendant
Je m'exténue;
Tandis qu'entouré de glaçons,
Je grelotte & je me morfonds;
Mais une bonne pleuréſie
Vous fera bien changer de vie:
Au Diable, au Diable le plaiſir !
La nuit eſt faite ponr dormir.

LE BARON.

A d'autres!.... & toujours va qui danſe.

MICHEL.

Et moi, je ne danſe pas.

LE BARON, *ſe levant.*

Non: mais je te ferai danſer d'une autre façon.

MICHEL.

Prrr.... Je meurs de froid.... (*Il bâille.*) & de ſommeil.

LE BARON.

Eh bien! chauffe toi; pour moi, je n'ai pas froid. (*Il ôte ſon wilschouras & ſon domino à l'aide de Michel*).

MICHEL.

Je le crois bien; au métier infernal que vous aites.

LE BARON.

Hein?... Ma robe-de-chambre?

MICHEL.

Est-ce que Monsieur ne se couche pas?

LE BARON.

Me coucher? Il est jour.

MICHEL, *à part.*

Oui, parbleu! dont j'enrage; ces François ont le Démon de la danse.

LE BARON.

Que marmottes-tu là?

MICHEL, *entre les dents.*

Peste soit du bal!

LE BARON.

Le bal? le bal étoit charmant: j'ai dansé avec la plus jolie femme! une taille! des grâces! un pié! un pié! Ah!... (*Il ôte son habit*).

MICHEL.

Ah! nous y voici. (*Il garde l'habit de son maître sur le bras*).

LE BARON, *lui serrant le bras.*

Michel, elle m'a promis une de ses mules pour mettre dans ma collection. (*Il montre la bibliothèque*).

MICHEL, *lui passant la robe-de-chambre.*

L'étrange manie! une collection de chaussures!

Ah ! ce ſeroit bien avec raiſon que l'on pourroit dire que nous raiſonnons pantouffle.

LE BARON, *le prenant par l'oreille.*

Raiſonner ?... mais, je penſe que c'eſt toi qui raiſonnes !

MICHEL.

Moi, Monſieur ?.. point du tout, en vérité... mais, votre ſanté... mes fatigues... enfin...

LE BARON, *l'interrompant.*

Vingt contre-danſes Angloiſes de ſuite.... J'étois dans un raviſſement... je nageois dans le plaiſir.

MICHEL, *voulant mettre ſur une chaiſe l'habit qu'il a ſur le bras, le tâte.*

Aſſurément : car il a pénétré juſqu'à votre habit.

LE BARON, *s'aſſied près de la table*

Mon peignoir ? mets-moi un petit œil de poudre. (*Il prend un miroir*). Il a raiſon. (*Se mirant*). Comme me voilà fait ! Je me fatigue trop, il eſt vrai ; je dépéris à vue d'œil : mais le moyen d'y réſiſter ! Hier, hier au ſoir encore, après un ſouper délicieux avec les plus jolies femmes, je fus d'une partie de traîneaux comme on n'en a jamais vu. Ah ! vive l'Allemagne pour le bruyant, l'éclat & la magnificence de cette courſe ! (*Il ſe lève*).

ARIETTE.

Sur une neige éblouiſſante,
A la lueur de cent flambeaux,
On voit une file éclatante
Des plus brillans traîneaux;
Une muſique militaire
Précède & ſuit dans la carrière:
Les tambours, les cors, les clairons,
Les hautbois, les baſſons;
Les cris des valets,
Hau, hau, hau, les fouets,
Les grelots,
Animent les chevaux:
Ils vôlent, ils henniſſent,
Les échos retentiſſent;
On ſe ſent tranſporter, ravir:
C'eſt la courſe du plaiſir.

Le ſort donne à chacun ſa belle:
En Écuyer vif & badin....
On peut faire avec elle
Souvent bien du chemin.
L'amour en partage la gloire,
Et de ce char, ce Dieu malin
En fait le char de la victoire....
Sur une neige éblouiſſante, &c.

(*Il fait jour*).

MICHEL, *peignant*.

Il eſt vrai: c'eſt une courſe pompeuſe; mais dans un tournant, un jeune cocher comme vous... ma foi, garre la culbute.

LE BARON.

Va, va, la chûte n'eſt pas de haut... (*Souriant*). & n'eſt pas toujours dangereuſe.

MICHEL.

Et plus ſouvent encore moins malheureuſe.

LE BARON.

Il n'eſt que l'Allemagne, te dis-je.

MICHEL.

Et cette ville, ſur-tout, pour la bierre & le kirsch-waſſer.

LE BARON.

Ivrogne! & la muſique?

MICHEL.

Oh! vous en êtes pour les virtuoſes, vous, Monſieur.... (*A part*). Et de quelle vertu!

LE BARON.

Et la chauſſure? (*Il ſommeille*).

MICHEL.

A la vérité, il n'eſt point ici de laidron, qui, avec le plus vilain pié-bot, ne voulût être chauſſée mieux qu'une de nos Baronnes échafaudées ſur ſes trente-deux quartiers.

LE BARON, *s'éveillant.*

Oui, te dis-je, ma conquête du bal l'étoit à ſe mettre à genoux!.... Un nœud de rubans joliment attaché ſur le plus joli petit pié... & quelle légèreté!.. Comme cela danſoit!...

MICHEL *bâille.*

Ah ! que c'étoit beau !

LE BARON.

A propos de chaussure, n'oublie pas d'aller cet après-midi chez mon Cordonnier, pour ces bottes en question.

MICHEL.

Oui, Monsieur.

LE BARON *se lève brusquement.*

Va me chercher du café.

MICHEL.

Au lait ?

LE BARON.

Oui.... non.... oui, oui, cours.

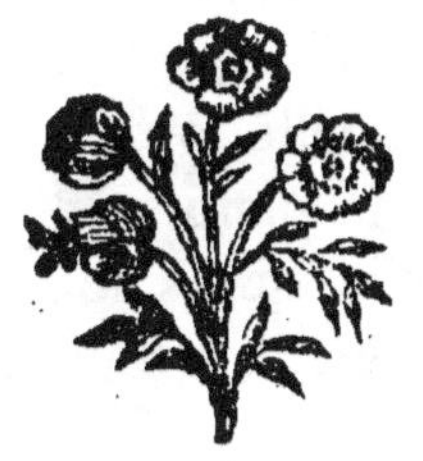

SCÈNE II.

LE BARON *seul.*

LE café me tiendra éveillé.... Je n'en puis plus de lassitude.... Je me ruine..... Le maraud dit vrai.... Mais l'attrait, l'enchaînement & la variété des plaisirs : tout cela est plus fort que moi.

ARIETTE.

Plaisir! ô doux plaisir!
Sous quelque face
Que tu puisses t'offrir,
Je saurai te saisir
Sans laisser place
Au repentir;
La sagesse est folie :
Notre Philosophie
Est de savoir jouir;
Et que m'importe
De quelle sorte
Soit le plaisir,
Si je n'ai qu'à choisir.
Et le plaisir.... est toujours du plaisir....

SCÈNE III.

LE BARON, MICHEL.

MICHEL *apporte du café, le pose sur la table & dit à demi-voix.*

MONSIEUR, Monsieur?

LE BARON.

Qu'est-ce?

MICHEL.

Il y a là à votre porte une jeune femme.

LE BARON, *empressé.*

Une jeune femme?

MICHEL.

Oui, une jeune Strasbourgeoise.

LE BARON, *l'interrompant avec feu.*

Comment! une jeune Strasbourgeoise là.... avec un petit bonnet à l'Alsacienne?

MICHEL.

Chut! une Strasbourgeoise que, par parenthèse, un de vos camarades lorgnoit de près dans la rue.

LE BARON.

Eh bien?

MICHEL.

Juſtement la femme de votre Cordonnier, que vous m'avez ordonné d'aller chercher il n'y a qu'un moment, & qu'il a épouſée depuis peu en ſecondes noces.

LE BARON.

Au fait.

MICHEL.

Au fait; je l'ai rencontrée nez à nez comme je rentrois: elle m'a demandé ſi ce n'étoit pas ici que logeoit la Conſeillère de la maiſon voiſine.... & je lui ai répondu que oui.

LE BARON.

Et que prétends-tu par-là?

MICHEL.

Je prétends que vous vous faſſiez paſſer pour le mari de cette Conſeillère.

LE BARON, *ſe rengorgeant.*

Moi, Monſieur le Conſeiller! Comment jouer dignement le rôle d'un Conſeiller?

MICHEL.

La belle difficulté! un Conſeiller en robe-de-chambre, & en Allemagne encore! Rengorgez-vous; un air de gravité, & je vous réponds qu'on s'y méprendra.

LE BARON.

Et dis-moi, d'où la connois-tu?

MICHEL.

D'où je la connois ? De Strasbourg, où je l'ai vue étant fille.

LE BARON.

Etant fille?... &.... écoute, a-t-elle un joli pied ?

MICHEL.

A croquer...... Dépêchez donc..... elle est là.

LE BARON.

Eh bien ! fais entrer. (*Michel ôte tous ses équipages militaires*). Le pendart ! Une jeune femme de Strasbourg !... La ville est réputée par le beau sexe.... Le maraud est intriguant... effronté.... (*A Odile qui hésite pour entrer*). Approchez, Madame, approchez. (*A Michel à part*). Charmante !

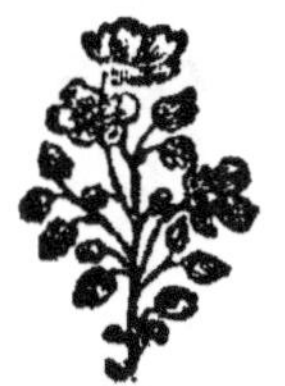

SCÈNE IV.

LE BARON, ODILE, MICHEL.

ODILE, *des souliers noirs aux pieds, des mules à la main; elle fait une révérence.*

J'AI cru que Madame votre épouse...

LE BARON.

Mon épouse?

MICHEL.

Elle est.... au marché.

ODILE.

Elle est bien matineuse.

MICHEL.

Nous le sommes bien davantage.

ODILE.

Voici les mules qu'elle a commandées chez mon mari.

LE BARON.

Des mules?... chez M. Sock? (*Il en prend une*). Elles sont charmantes... & l'on voit bien que Madame Sock y a mis la main.

ODILE.

ODILE.

Je les ai bordées.

LE BARON.

Je l'aurois deviné, ce ruban ſemble avoir été froncé par les Graces ; (*Il lui rend la mule avec elégance*). à Miracle.

ODILE. (*Elle reçoit la mule de même, & fait encore une révérence comme pour s'en aller*).

Je repaſſerai pour voir ſi elles ſont juſtes à Madame.

LE BARON, *l'arrêtant.*

Elles lui ſeront très-juſtes, ma bonne Dame, j'en ſuis certain : aſſeyez-vous un moment, elle reviendra bien-tôt.

ODILE.

Monſieur, je ſais trop....

LE BARON.

Sans compliment, prenez place.

ODILE.

Monſieur.....

LE BARON.

Oh ! je vous en prie, je vous en prie.

MICHEL, *approchant une chaiſe.*

Nous ſommes ſans façon, voyez-vous.

ODILE *s'aſſied.*

Puiſque vous l'ordonnez.

MICHEL *s'approche de son oreille.*

Madame Sock, avec votre permission (& celle de mon maître) est ce que vous connoissez cet Officier qui vous cotoyoit dans la rue?

ODILE.

Moi, connoître un Officier! vous me prenez pour une autre.

MICHEL.

Excusez, du moins. (*A part*). Pour une autre? Et elle, pour qui nous prend-elle donc?

LE BARON.

Il en est pourtant de très-aimables.

ODILE.

Ah! ne m'en parlez pas: ce sont bien les plus hardis, les plus turbulens & les plus indiscrets de tous les hommes.

(*Michel se cache pour rire*).

LE BARON, *à part.*

Oui-dà!.. oh! tu me la paieras, ou je ne pourrai... (*Haut*). Vive les gens de ma robe, n'est-ce pas?

ODILE, *gracieusement.*

Sur-tout, quand ils vous ressemblent.

LE BARON *s'assied.*

En honneur, je ne mérite pas ce compliment-là.... Michel! qu'en penses-tu?

MICHEL.

Monsieur, chacun a sa manière de mériter.

LE BARON.

Madame Sock, vous prendrez une tasse de café avec moi.

ODILE.

Monsieur, c'est trop abuser....

LE BARON, *à Michel.*

Donne une tasse.... Vous vous moquez, ma chère Madame Sock, vous vous moquez, je serois enchanté de pouvoir vous offrir quelque chose de mieux. (*Michel apporte une tasse*).

ODILE.

Mais, je n'y pense pas; c'est prendre trop de liberté.

LE BARON.

Vous n'en sauriez trop prendre. (*Lui serrant le bras*). En vérité, vous êtes charmante.... Mettez-vous le sucre avant ou après?

ODILE.

Sans sucre, s'il vous plaît.

LE BARON.

Sans sucre? (*Il prend la caffetière*).

MICHEL, *à part.*

Apparemment que Madame dort trop?

LE BARON.

Je veux avoir le plaisir de vous le verser. (*Il lui verse*).

ODILE.

Mille pardons, Monsieur.... Mais, je pense, si Madame revenoit, elle seroit peut-être scandalisée.

LE BARON.

Point du tout!... Oh! ma femme.... ma femme est une femme comme il n'y en a point.

ODILE.

Mon mari me l'a bien dit. (*Elle boit à petits coups*).

LE BARON.

Il est vrai qu'une aussi jolie personne que vous, est bien capable d'inspirer de la jalousie.

ODILE.

Vous êtes trop poli.

LE BARON.

Je suis sincère... vous m'enchantez... Comment le trouvez-vous?

ODILE.

Excellent!

LE BARON.

Si j'eusse prévu que vous dussiez venir, je l'aurois fait faire à la crême, (*Lui serrant le bras*), à la crême, ma chère Madame Sock.

ODILE.

De quelque façon qu'il soit, c'est un breuvage divin.

(*Pendant ce duo, le Baron prend aussi son café, Michel lui fait plusieurs signes d'espièglerie, & veille à ce que personne n'entre*).

DUO.

LE BARON.

Oui, je suppose
Que le Nectar qu'on sert aux Dieux,
N'est autre chose
Que ce café délicieux.

ODILE.

Pour nous réveiller la mémoire,
Il faut en boire
Soir & matin.

ENSEMBLE.

C'est notre meilleur Médecin,
C'est un remède souverain.

ODILE.

Il fait dissiper & les peines
Et le chagrin.

LE BARON.

Il fait circuler dans nos veines
Un feu divin.
Pour nous réveiller la mémoire,
Il faut en boire
Soir & matin.

ENSEMBLE.

Pour nos esprits
Il est sans prix;
C'est l'antidote des soucis.

LE BARON.

Oui : vive Moka ! vive le café !... ſur-tout quand on le prend dans un ſi joli tête-à-tête.

MICHEL, *à part.*

Eh ! quel dommage qu'il n'enivre pas !

LE BARON *verſe.*

En vérité, ma chère Dame, je ſuis ravi d'avoir fait votre connoiſſance.... Il y a peu de tems que vous êtes mariée ?

ODILE, *nonchalamment.*

Il y a eu hier un mois.

LE BARON.

Hier un mois ! Que M. Sock eſt un heureux mortel !... Femme jolie... douce... aimable. (*Elle fait une inclination à chaque pauſe*). (*A part*). L'heureux coquin !... (*Haut*). Que ſon ſort eſt digne d'envie !

MICHEL, *à part.*

Et peut-être de pitié !

ODILE.

Il ſeroit heureux pour moi qu'il penſât comme vous.

LE BARON.

J'entends ; il n'a pas pour vous toute la complaiſance que vous méritez.

ODILE.

Là, là... par exemple.... mais, Madame ne revient pas ?

LE BARON.

Elle revienda..... elle reviendra..... par exemple, disiez-vous?...

ODILE, *se recueillant.*

Rien, rien.

LE BARON, *pressant.*

Mais encore... je suis votre ami, on confie tout aux gens de mon état, & si je pouvois vous aider de mes conseils.... Dites, dites, je vous prie.

ODILE, *hésitant & baissant les yeux.*

C'est que c'est demain la noce de ma belle-sœur; j'aurois desiré qu'il me fît une paire de souliers de droguet mors-dorés.

LE BARON.

Eh bien?

ODILE.

Eh bien!... il ne le veut pas.

LE BARON.

Oh ciel! vous refuser des souliers?

MICHEL, *à part.*

Ainsi, que ne lui refuse-t-il pas?

LE BARON.

Cela est criant, & que dit-il pour ses raisons?

ODILE.

Ah! il dit que cela est trop tranchant, que je ne

ſuis qu'une petite bourgeoiſe.... Je ſuis pourtant auſſi bonne que cent, que mille que je vois.....

LE BARON.

Beaucoup meilleure, en vérité.

ODILE.

D'ailleurs, vous n'ignorez pas ſans doute que mon mari eſt Officier de Ville.

MICHEL.

Diable ! c'eſt un homme d'importance.

LE BARON.

Je conçois.... ſon humilité n'eſt qu'un prétexte à ſon avarice....

ODILE *ſoupirant.*

Je ne ſçais; mais il n'en eſt pas plus riche.

LE BARON.

Oui, cela eſt clair.... (*Réfléchiſſant*). Eh bien ! ma chère Madame Sock, ce ſont des ſouliers de ſoie que vous deſireriez, n'eſt-ce pas ? pour la noce de demain ? (*Odile baiſſe les yeux*). Faites-moi le plaiſir d'en accepter une paire de ma main.

ODILE, *vivement.*

Vous vous moquez; je n'oſerois jamais porter des ſouliers dont mon mari ne m'auroit pas pris meſure... & d'ailleurs, ce que j'en dis n'eſt pas....

LE BARON.

Vous avez raiſon... mais attendez. (*Il ſe lève & à part*). Oui, le tour ſeroit impayable. (*Haut*). M. Sock eſt mon ami, je me charge d'arranger cette affaire-là; nous avons d'ailleurs à traiter enſemble.

ODILE *ſe lève.*

Comment, Monſieur! s'il ſavoit jamais que je vous en ai parlé, je ſerois perdue!

LE BARON.

Il n'en ſaura rien, il n'en ſaura rien, je vous jure.

ODILE.

Oh! je vous en prie.

LE BARON.

Comptez ſur moi, je ne ſuis pas homme à vous jouer un mauvais tour.... Encore un moment, je vous prie, aſſeyez-vous. (*A part*). Oui, voici le moment de venger l'honneur du corps.

ODILE.

Mais, Madame....

LE BARON.

Elle revient, elle revient à l'inſtant. (*Très-bas à Michel*). Va chercher ſon mari, & ne lui dis mot.... (*Haut*). Vous trouvez le tems long, Madame.

(*Michel ſort en faiſant un lazzi*).

SCÈNE V.

LE BARON, ODILE.

ODILE.

NON assurément; mais où l'envoyez-vous?

LE BARON.

Il va chercher... ma femme.... En vérité, plus je réfléchis & plus je trouve votre mari étonnant de refuser quelque chose à une femme aussi aimable; & vous plus étonnante encore, avec autant d'appas, d'aller épouser un veuf.

ODILE.

Oui: ayant sur-tout de sa première femme un grand vaurien de fils qui me donne bien du chagrin.

LE BARON, *l'interrompant.*

Il est grand, dites-vous: eh bien! si vous voulez je vous en débarrasserai.

ODILE.

Comment cela?

LE BARON, *se reprenant.*

Et non... je songeois à toute autre chose: encore une tasse de café, Madame Sock.

ODILE.

Je vous ſuis redevable. (*Elle tourne les yeux vers la bibliothèque*). Mais ôſerois-je vous demander comment Madame votre épouſe ſe fait encore faire des ſouliers, tandis qu'elle en a une armoire pleine ?

LE BARON.

Mon épouſe ! point du tout, c'eſt moi qui en fais collection.

ODILE.

Comment ?

LE BARON.

Oui, vous voyez là un amas de toutes les eſpèces de chauſſures anciennes & modernes, les plus mignonnes & les plus rares des quatre parties du monde.

ODILE.

Le goût eſt ſingulier..... (*A part*). Il eſt charmant.

LE BARON.

C'eſt ma fureur.

ARIETTE.

Chacun a ſa manie,
Chacun a ſa folie ;
L'un étudie un vieux *in-folio*,
L'autre labore & ſouffle incognito ;
Celui-ci rime à perdre la cervelle,
Celui-là racle un dur violoncelle.

L'un se prosterne à l'aspect d'un tableau;
Devant des fleurs, un autre est en extase;
L'un de la lune examine une phase,
Quand l'autre tourne ou dirige un ciseau.
Si l'on trouve mon goût bisarre,
Il n'en est pas moins envié:
A mon gré l'objet le plus rare
C'est un joli petit pié.

On ne voit que collections
De fossiles, de médaillons;
C'est de l'antique,
C'est du gothique.
Des coquilles, des papillons!
Si l'on trouve mon goût bisare, &c.

ODILE.

Votre passion, loin d'être ridicule, me paroît fort naturelle, elle est neuve, & je gage que votre collection est unique.

LE BARON.

C'est ce dont je me pique, j'ai des correspondances à Paris, à Constantinople, à Pékin... jusqu'en Laponie, & entre nous, j'ai reçu tout novissimè la mule d'une certaine Comtesse immédiate, qui a pris la poste un beau matin pour s'aller faire chausser à Paris.

ODILE.

Un tel morceau ne manquera pas d'accréditer votre cabinet.

LE BARON.

Il ne tiendroit qu'à vous de l'embellir encore... Oui, c'est cette même perfection que je cherche dans les autres femmes & que je trouve en vous, qui fait que vous me paroissez plus intéressante encore, & en honneur.... (*Il lui baise la main*).

SCÈNE VI.

LE BARON, ODILE, MICHEL.

MICHEL.

MONSIEUR, Monsieur Sock est là.

ODILE.

Mon mari? il se sera impatienté.

LE BARON, *se composant & faisant l'étonné.*

Votre mari? Ah! c'est vrai, je vous l'avois dit, nous avons des affaires ensemble..... Je l'avois oublié.

ODILE.

Des affaires? Au moins, Monsieur, gardez-vous bien de lui parler des souliers de soie!

LE BARON.

Non vraiment.

ODILE.

Et vous aurez la bonté de me justifier d'avoir attendu si long-tems Madame.

LE BARON.

Ah! cela sera un peu difficile.

ODILE.

Quoi?

LE BARON.

C'est... c'est... (*Souriant*). Vous allez vous fâcher.

ODILE.

Achevez.

LE BARON.

C'est que je n'ai point de femme.

ODILE.

Point de femme?

LE BARON.

Et que je ne suis pas Conseiller.

ODILE.

Et qui êtes-vous donc?

MICHEL, *à part.*

Le Diable. (*Il se cache pour rire*).

LE BARON.

Le Baron de Piécourt, Capitaine de Dragons.

ODILE.

Miséricorde! un Officier! (*A Michel*). Le scélérat!

MICHEL, *bas.*

Doucement, parlez plus bas.

ODILE *veut s'en aller.*

Je vais....

LE BARON, *l'arrêtant.*

Eh! où voulez vous aller? vous devez sentir toute la conséquence qu'il y a maintenant de rencontrer ici votre mari.

ODILE.

Quelle perfidie! Mais, Monsieur, faites-le renvoyer.

LE BARON.

Ah! cela ne se peut pas, M. Sock est un homme à ménager, & d'ailleurs.... Michel? (*Il lui fait signe*). Tu lui as dis que j'étois visible?

MICHEL.

Oui.... Oui, Monsieur.

ODILE.

Mais au nom du ciel, Monsieur le Baron, que lui dire?... que faire?...

LE BARON.

Ah! je ne sais point d'autre moyen que de vous cacher jusqu'à ce qu'il soit parti.

ODILE.

Me cacher! ah Dieux!... Mais où?

LE BARON.

Où ?.. Tenez, dans cette embrâſure, derrière cette portière.

ODILE.

Mais, s'il m'y trouvoit.

LE BARON.

Repoſez-vous ſur moi, j'y aurai l'œil.... Oui, Madame, je veux vous prouver que les Officiers ont de la diſcrétion, de la prudence, & des égards....

ODILE.

Imprudente ! à quoi ſuis-je réduite? (*Il la conduit vers la portière*).

MICHEL, *ſeul.*

Je ſavois bien qu'il lui ſerviroit un plat de ſa façon.

ODILE, *ſe cachant.*

Au moins point de trahiſon.

LE BARON *lui donne une chaiſe.*

Demeurez tranquille, & n'ayez aucune crainte. (*A Michel*). Laiſſe entrer, & fais le guet.

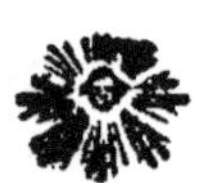

SCÈNE

SCENE VII.

LE BARON, SOCK, MICHEL; ODILE, *cachée.*

SOCK.

VOTRE très-humble serviteur, Monsieur le Baron.

LE BARON.

Bon jour, mon cher Sock, bon jour. (*Michel prend vîte les mules qu'Odile a oubliées, & les met dans sa poche, puis il les lui donne en se promenant devant la portiere*).

SOCK.

Je me rends à vos ordres.

LE BARON.

Fort bien... j'ai reçu hier une lettre d'un ami qui me charge de faire marché avec un Cordonnier, honnête-homme.

SOCK.

Honnête-homme? Oui-dà, Monsieur le Baron.

LE BARON.

Et raisonnable pour fournir à neuf, de bottes, le Régiment François qui est cantonné dans les environs; & dont il a le détail depuis longtems..

Et comme je vous connois & que je vous eſtime, j'ai fait choix de vous pour cette beſogne... (*Sock ſalue à chaque pauſe*). Mais ce n'eſt pas cela dont il s'agit maintenant; je vous ai fait venir pour un tout autre ſujet; puis-je compter ſur votre diſcrétion ?

SOCK.

Ma diſcrétion ? (*Se rengorgeant*). Vraiment je ſuis Sécretaire du corps, & qui plus eſt.... Officier municipal... tenant à la magiſtrature.

MICHEL.

Oui, à la magiſtrature ſubalterne.

SOCK.

Et quant à mon ouvrage, ſoit pour homme, ſoit pour femme, je ſuis connu, il n'eſt rien à redire, je chauſſe depuis vingt ans le brodequin & le cothurne.

LE BARON, *riant*.

Ah, ah! comment, Maître Sock! vous êtes Auteur, vous faites des Opéra, des Comédies?

SOCK.

Non, non; mais je chauſſe tout cela; cela revient au même, demandez aux Comédiens.

LE BARON *rit*.

Ah, ah, ah. Je comprends, je comprends.

SOCK, *tirant son compas de sa poche.*

Tenez, vous voyez bien cela, c'est ce que nous appellons notre compas... eh! bien, je n'en ai pas besoin, il est là... (*Montrant ses yeux*). Je chausse à vue... sans toucher.

LE BARON.

Ah! Vous êtes un habile homme, mon cher Sock.. & que vous êtes heureux!

SOCK.

Et pourquoi?

LE BARON.

Etre toujours aux piés des belles!

SOCK.

Il est vrai que notre profession n'est pas sans revenant-bons.

(*Pendant cette Ariette le Baron remet son uniforme.*)

ARIETTE.

DANS une humble posture,
Au moment que je prends mesure,
Je murmure tout bas
Qu'on porte les souliers trop bas;
Je tâte, je compasse,
Ce pié délicat & charmant.
Je passe, je repasse
Si doucement, si joliment...
Et si par fois j'hésite,
En compassant ce pié divin,

D'un ſourire on m'excite :
« Finiſſez donc, petit badin,
» Eh ! dépêchez donc vîte ».
Le moyen qu'un cœur ne palpite !
Ah ! dans un tel moment,
Seroit-il donc ſi ſurprenant
Que la main la plus ſûre
Perdît quelquefois la meſure.

LE BARON.

Ah ! vous êtes encore un égrillard ! ... Je ſuis ſûr que vous en chauſſez plus d'une gratis ... hem ?

SOCK.

Ah ! par-ci, par-là ; il faut bien faire quelque crédit.

LE BARON.

Et vous n'êtes pas homme à laiſſer accumuler les intérêts? .. A propos, Maître Sock, vous vous êtes remarié, & vous ne m'en dites mot.

SOCK.

Oui, oui, une petite fantaiſie ... (*Michel touſſe.*)

LE BARON, *touſſe.*

Une fantaiſie ? Votre femme eſt charmante.

SOCK, *en colere.*

Et d'où la connoiſſez-vous ? Ma femme ne connoît point d'Officier.

LE BARON, *ſe reprenant.*

Je la connois ... de vue ... vous ſentez bien qu'à mon âge on ne voit pas paſſer une jeune femme coëffée & vétue à l'Alſacienne, une femme jolie & aimable ſurtout, ſans demander qui elle eſt ?

SOCK.

Jolie, point du tout; aimable, encore moins.... c'eſt la fille de mon marchand de Strasbourg; il m'a toujours bien ſervi: mais entre nous pour cette fois je crois qu'il m'a trompé. (*Michel touſſe plus fort.*)

LE BARON.

Mais vous lui avez bien rendu le change. Ah! Si votre femme ſavoit vos fredaines...

SOCK.

Chut!.. diſcrétion pour diſcrétion.

LE BARON.

D'accord; revenons à notre affaire; vous ſavez, mon cher Sock, la fureur que j'ai pour les petits piés ?

SOCK.

Oui... (*Avec emphaſe*). que vous devez quelque fois à notre art.

LE BARON.

Eh! bien, la fortune m'en a procuré un, pas plus gros que ça, (*Montrant le bout des doigts unis.*) & je vous ai fait venir pour lui prendre meſure de ſouliers.

SOCK.

Volontiers... & où eſt la perſonne?

LE BARON.

La perſonne? Elle eſt ici.

SOCK.

Ici? Et où cela?

LE BARON.

Ici, derrière cette portière.

SOCK, *riant.*

Ah! ah! derriere ce rideau? ha, ha, ha,

LE BARON.

Oh! Ce n'eſt pas ce que vous croyez...(*Plus bas*).chut, c'eſt une très-honnête femme.

SOCK, *à demi-voix.*

Une très-honnête femme chez un Dragon, un François, & en Allemagne encore? ha, ha, ha... & dites moi s'il vous plaît, la connois-je?

LE BARON, *bas.*

Vraiment oui; ſon mari eſt un des notables Bourgeois de la ville.

SOCK, *à l'oreille.*

Et quel eſt ſon nom, je vous prie..

LE BARON.

Oh! Vous m'en demandez trop.

SOCK.

Pourquoi? Je ſuis diſcret, comme vous ſavez... & puis ce ſera ſans doute quelque benêt... il n'y a pas de mal d'en rire un peu... ha, ha.

LE BARON *rit aussi avec Michel.*

Ha, ha, oui... venez, benêt?.. Mais avant tout il faut me promettre de ne pas la voir.

SOCK.

Il faudra bien que je la voye pour lui prendre mesure, ou bien que je sois aveugle.

LE BARON.

Non; il faut que vous me promettiez de ne voir que son pié.

SOCK.

Que son pié? soit, si cela est possible.

LE BARON.

Venez, venez. (*Il le conduit vers la portière.*)

SOCK.

O mœurs! ô droits de Bourgeoisie!

TRIO, *au rideau.*

Ensemble.	Donnez, Madame, je vous prie, Sans façons, sans cérémonie, Donnez votre pié, s'il vous plaît.

LE BARON.	Maitre	Sock est	discret.
MICHEL.	Monsieur		
SOCK, *à genoux.*	Je suis,	Je suis	

ENSEMBLE.

Ayez la complaisance...

OCK.

Comptez sur ma prudence.

LE BARON. MICHEL.	Il a de la prudence, Et du ménagement ;
TOUS	C'est l'affaire d'un moment.

SOCK.

Je vous prie, Madame ; je ne vous toucherai qu'imperceptiblement.

LE BARON.

A propos de toucher ; mais ne m'avez vous pas dit que vous aviez le compas dans l'œil !

SOCK.

Assurément.

LE BARON.

Eh bien ! c'est sans doute la crainte de vos petites malices, qui arrêtoit Madame, & je suis assuré que maintenant elle se prêtera de la meilleur grace du monde.

SOCK.

Oui, Madame ; il ne me faut qu'un coup d'œil, une seconde seulement & tout est dit.

LE BARON.

Comment ! Madame, malgré tout cela, vous ne daignez pas vous confier à notre ami Sock ? eh ! bien, Madame .... il n'y a qu'à tirer le rideau.

SOCK.

C'eſt bien dit, il n'y a qu'à tirer le rideau. (*Il ſe lève pour le tirer ; les autres l'en empêchent*).

LE BARON.

Doucement.

MICHEL.

Tout beau, tout beau. (*Il le fait remettre à genoux*).

SOCK, *derechef à genoux.*

Eh bien ! Madame, je vous en ſupplie.... je... (*Odile paſſe le bout de ſon pié, Sock s'arrête ſtupéfait*). Peſte qu'il eſt mignon ! (*Il le conſidere*). Ah ! Madame avoit tort de faire tant de difficultés... quelles proportions... oh ! les jolis doigts !

LE BARON.

Dépêchez.

SOCK, *ſe relevant.*

Vous aviez raiſon. (*Odile retire ſon pié*). Je n'en ai jamais vû de pareil.

LE BARON.

N'eſt-ce pas ? je ſuis un connoiſſeur. (*Lui frappant ſur l'épaule*).

SOCK.

Oh ! oui, & je veux vous prouver que je ne le ſuis pas moins.

LE BARON.

Mais êtes-vous bien ſûr?

SOCK.

Vous verrez, vous dis-je, un échantillon de ma dextérité.

LE BARON

Ce n'eſt pas le tout, maître Sock; il me faut ces ſouliers dans la journée.

SOCK.

Dans la journée, cela ne ſe peut pas.

LE BARON.

Il faut bien que cela ſe puiſſe: tenez, je vous les paye un ducat. (*Il lui donne*).

SOCK.

Un ducat? il faut voir.... oui; (*Réfléchiſſant.*) Il eſt neuf heures, il en faut quatre pour faire un ſoulier... je mettrai deux garçons après... oui.... oui, vous pouvez les avoir vers le ſoir. (*Il veut s'en aller*).

LE BARON,

Tant mieux; ſurtout, qu'ils ſoient bien mignons.

SOCK.

Ainſi que l'objet; rapportez vous-en à moi... (*Il va vers la portière*). Mais, comment Madame les veut-elle? Liſſés? (*A chaque queſtion, il va vers la portiere & Michel le repouſſe*).

MICHEL.

Oui.

SOCK.

Pointus ?

MICHEL.

Oui.

SOCK.

Le talon haut ?

MICHEL.

Eh oui ! à la mode.

SOCK.

La boucle baſſe ?

LE BARON.

Ah ! ſans boucle. (*Au rideau*). Sans boucle, n'eſt-ce pas Madame ? (*Un moment de ſilence*). Vous ne répondez pas ? Michel, il n'y a qu'à tirer le rideau. (*Michel le remue ſeulement*). Eh bien ! Madame, ſans boucle ?

ODILE, *touſſe doucement en fauſſet.*

LE BARON.

Ah !.. oui ; une roſette élégamment nouée... là.

SOCK.

Je ſais, je ſais. (*Toujours vers le rideau*). & de quelle étoffe ?

MICHEL.

De ſoie.

SOCK.

Mais il y a ſoie & ſoie.

LE BARON.

Dites donc, Madame ?.. Il n'y a qu'à tirer le rideau.

MICHEL.

Attendez ... de droguet ... (*Au rideau.*) de droguet, n'eſt-ce pas ?

ODILE *touſſe*

SOCK, *la contrefait.*

Le joli petit oiſeau ! .. (*A Michel*). Eſt-ce là tout ſon ramage ?

LE BARON.

Il ſuffit, il ſuffit.

SOCK.

Et... (*Au rideau*). de quelle couleur ?

MICHEL.

Un moment... mo ... mo ... mors-dorés : (*Au rideau*) mors-dorés, n'eſt-il pas vrai ?

ODILE *touſſe.*

SOCK.

Mors-dorés. (*S'en allant & ſaluant le Baron*). Elle eſt charmante, elle eſt charmante.

LE BARON.

Oui, dépêchez ; nous perdons du temps.

SOCK.

Je le crois bien. . . & notre marché de bottes?

LE BARON.

Quand vous m'aurez ſatisfait, adieu ...

MICHEL, *le poussant dehors.*

Et détalez une fois.

LE BARON.

Enfin nous en voilà débarrassés... encore?

SOCK, *revient mystérieusement.*

Chut... chut! un mot Monsieur le Baron... à propos de bottes, si, par la même occasion, Madame vouloit que je lui prisse mesure d'une paire?

LE BARON.

Eh! non, non... (*Il rit*). ha, ha, avec son à propos de bottes. Michel conduis-le jusques chez lui, crainte qu'il ne revienne.

SOCK.

Serviteur...

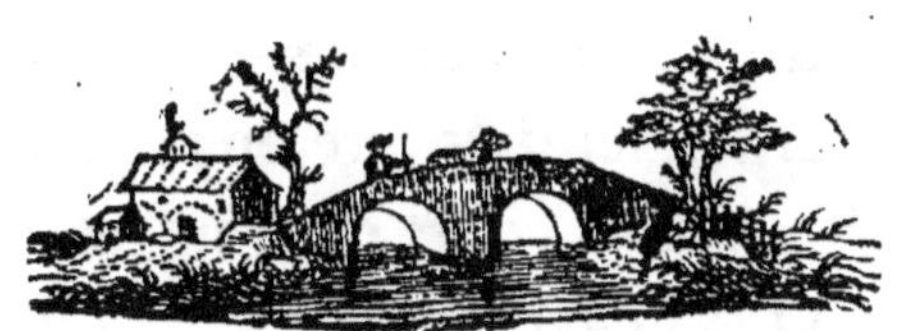

SCENE VIII.

LE BARON, ODILE.

LE BARON.

Que le diable t'emporte !.. (*Il tire le rideau*). Venez, ma chere Madame Sock, sortez, ne craignez rien ; Michel l'accompagne, rassurez-vous. (*La prenant par la main & la faisant sortir de l'embrasure*).

ODILE, *l'autre main sur les yeux, & détournant la tête.*

Où me cacher ? Quelle confusion ! Mais je l'ai bien méritée !.. Que je suis étourdie !

LE BARON.

Qu'avez-vous donc ? Vous détournez les yeux ! allons, fi donc, vous boudez !... Eh ! non non, vous me pardonnerez, je jure, en faveur de la plaisanterie ; & le plus court est d'en rire avec moi.

ODILE, *ouvrant les yeux & souriant.*

Le moyen de s'en empêcher !

LE BARON.

Le tour est excellent; ah, ah, ah... le plus plaisant, c'est comme je vous l'ai fait jaser ; ah, ah, ah.

ODILE.

Oui, le traître... Mais quel eſt votre deſſein ?

LE BARON.

Laiſſez-moi faire, & vous verrez, vous dis-je, que nous ne ſommes pas ſi inconſéquents que vous nous croyez.

ODILE.

Vous avez beau dire ; au moins avez vous plus de ruſe, que tous les hommes enſemble.

ARIETTE,

CE n'eſt pas ſans raiſon
Que nos prudentes meres
Nous font mainte leçon
Contre les militaires ;
Ces Meſſieurs ſont toujours
A narguer les Amours :
En vain on s'en méfie
Ils ſont ſans ceſſe au guet,
Et leur cajolerie,
Nous mene au trébuchet.

LE BARON.

Non, non, quelle injuſtice !

ENSEMBLE.

Que d'artifice !
Que de malice,

ODILE. Sous l'uniforme, ſous le plumet !
LE BARON. Sous cette toque, ſous ce bonnet !

LE BARON.

Et ces yeux frippons... en recèlent encore davantage... (*Il veut l'embrasser*). Vous êtes adorable.

ODILE.

Doucement : la plaisanterie a été poussée assez loin, ce me semble : un plus long entretien seroit déplacé :(*Faisant la révérence*) & je compte sur votre estime, comme sur votre discrétion.

LE BARON.

Comptez sur tout ce que vous savez inspirer.

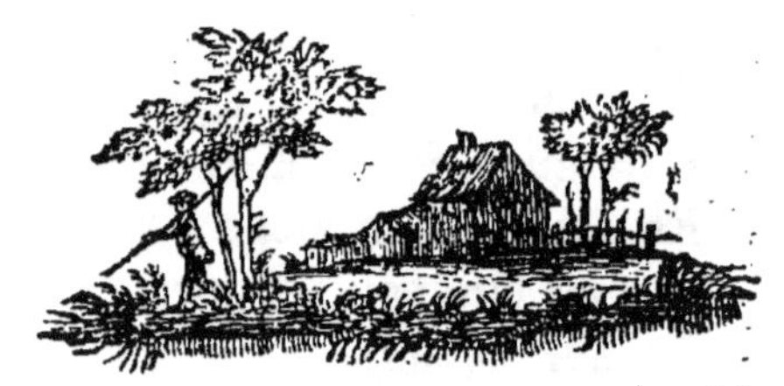

SCENE

SCENE IX.

LE BARON, ODILE; HANZ, *une cocarde à son chapeau*; UN BRIGADIER DE DRAGONS.

ODILE, *voulant sortir.*

AH ciel! un de vos Dragons! (*Le Brigadier entre le premier.*)

LE BARON.

Qu'est-ce?

ODILE, *appercevant Hanz.*

Ah! Je suis perdue, Monsieur! Voilà mon beau fils avec lui.

LE BARON.

Qui?

ODILE.

Le fils de mon mari, ce mauvais sujet dont je vous ai parlé. (*Elle leur tourne le dos*).

LE BARON.

Ne craignez rien.

LE BRIGADIER, *approchant, chapeau bas, & s'appuyant sur sa canne, roide, fier, & très-sérieux.*

Mon capitaine, il n'y a rien de nouveau à la compagnie, sinon...

LE BARON, *l'interrompant.*

Pourquoi entrez-vous ſans frapper ? (*Hanz reſte un peu derrière, le chapeau ſur la tête*).

LE BRIGADIER.

Sans frapper ! (*Appercevant Odile*). Ah ! mon Capitaine, excuſez... je ne prévoyois pas... mais je vais ſortir.

LE BARON.

Demeurez.

ODILE, *tirant le Baron par l'habit.*

Eh ! non, Monſieur, laiſſez-les aller.

LE BARON, *bas.*

Raſſurez vous, vous dis-je. (*Haut*). Au fait, quel eſt cet homme-là ?

LE BRIGADIER.

C'eſt un garçon Cordonnier, comme vous voyez, qui a du goût & qui veut troquer ſon alène contre un eſpadon... allons, ſaluez votre Capitaine. (*Hanz ſalue comiquement & ſe redreſſe*).

LE BARON.

Fort bien ; tu es donc de bonne volonté, mon ami ?

HANZ.

Oh ! oui, c'eſt de tout mon cœur.

LE BARON, *ſe retirant pour laiſſer voir Odile.*

Vous l'entendez, Madame ; il eſt de bonne volonté ; ainſi vos prieres ſont inutiles : je ne puis le relâcher, cela eſt contre mon devoir.

ODILE, *à part.*

Autre malice de la même trempe.

LE BARON.

Je ſuis au déſeſpoir, vous dis-je, cela ne ſe peut pas...mais ne vous inquiétez pas, Madame ; j'en aurai ſoin. (*Odile ſe montre alors & ſoûrit*).

HANZ.

Ah ! notre belle mere, c'eſt vous ? Quoi ! vous voilà ! Bah !... il n'y a plus rien à faire... j'ai ſigné.

ODILE.

Tant mieux, libertin ; on te traitera comme tu le mérite.

LE BARON, *au Brigadier.*

Menez le ſur le champ au quartier, entendez-vous ?

QUINQUE.

Les Acteurs sont ici placés comme ils doivent l'être sur la Scène.

ODILE.	LE BARON.	LE BRIGADIER.	HANZ.
(*A Hanz*).		(*Ils dressent Hanz*).	
Va, méchant	Non, non :		Vive la guerre!
Garnement,	C'est un joli garçon.	Oui-dà,	Adieu ma chère
Va, l'on te réduira,	Lève un peu le menton.	Là,	Belle-mère.
Te morigénera.	La poitrine en avant.	C'est cela ;	Avec mon père ;
	Cette épaule en arrière,	Pour moi, c'est mon affaire ;	A la maison,
	Là.	On le dégagera.	Vous pouvez faire
			Le carillon.

SCÈNE X.

MICHEL, *accourant.*			(*Entre eux deux*).
Il ne fait rien,			
Tout va fort bien.	Chut... doucement,	Chut!.. doucement,	Chut... doucement,
	Modérément,	Modérément,	Paix... un moment.
	Paix... fais silence,	Paix... fais silence,	Avec { La Cordonnière, Ma belle-mère,
	Il faut de la prudence.	Il faut de la prudence.	J'entrevois du mystère.
	(*Ils regardent tous trois le Brigadier & Hanz*).		Quel plaisir
		(*A Odile*).	De servir!
Oui... j'entends le mystère.		A revoir,	Vive la guerre!
Oui... je comprends l'affaire.		A ce soir.	Foin du métier
	Que ferez-vous?	De la prudence,	De Cordonnier!
	Mais mon époux...	De l'assurance.	Vive, vive la guerre!
Eh! vive le mystère!	Ah! que le Militaire	Eh! vive le mystère!	Vive le Militaire,
Vive les tours fripons!	Aime les tours fripons!	Vive les tours fripons!	Et vive les Dragons!

Fin du premier Acte.

ACTE II.

Le Théâtre change & représente une chambre bourgeoise.

SCÈNE PREMIÈRE.

ODILE, *seule.*

ARIETTE.

Dans quel danger
Une imprudence nous engage.
Ah ! que nous sert l'innocence en partage,
Si notre esprit est si léger;
Si l'on devient volage
Sans y songer?

Il n'est buissons, que ne franchisse
Le faon léger & jeune encor;
Mais par son téméraire essor,
Il tombe dans le précipice,
Dont il n'avoit pas vu le bord.

Dans quel danger, &c.

Nous voilà pourtant. Ce que c'est que de nous !... Et quand j'y pense, quel espiègle que ce Baron !... Et non, c'eſt moi, c'eſt moi qui ſuis une indiſcrette !... (*En colère*). Pourquoi jaſer auſſi ? Oh ! je me... (*Plus calme*). Et mon mari, s'il venoit à ſavoir ?.. (*Se recueillant*). Eh bien ! ſoit, je ne ſuis pas coupable ; c'eſt un mauvais tour : oui, prévenons-le... Je vois... autre folie ! Il n'en croiroit rien... non, il n'en croiroit rien, (*Plus fâchée*) car cela n'eſt pas croyable.... Le voici, contenons-nous de notre mieux.... Peut-être.... (*Elle s'en va lentement du côté oppoſé*).

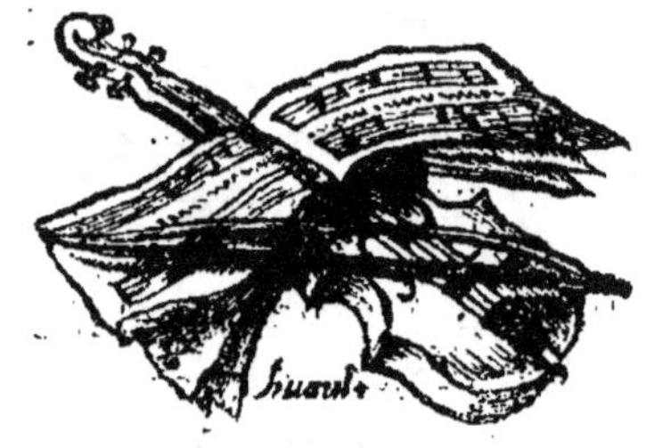

SCÈNE II.

SOCK, ODILE.

SOCK *entre, le dos tourné au théâtre; des souliers & du ruban mors-dorés à la main, & dit à la cantonnade:*

OUI, oui; ils sont comme il faut, vous avez bien fait de les border; vous êtes aussi habiles l'un que l'autre, & je vous donnerai pour boire. (*Il arrête Odile, & la prend par la main*). Ah! te voilà! (*Sans dureté*). Où te fourres-tu donc? Je ne t'ai presque pas vûe d'aujourd'hui..... Viens, viens: tiens, assieds-toi là, ma petite femme.... Allons, dépêche-toi de faire des rosettes à ces souliers-là.

ODILE.

A ces souliers-là? (*Elle s'assied de l'autre côte de la table*).

SOCK.

Oui, voilà du ruban.

ODILE, *à part.*

Il vaut mieux les faire, pour éviter toute explication.

SOCK.

A propos, t'a-t-on payé les mules de ce matin? (*Il s'assied aussi, & coupe de l'autre ouvrage sur une planchette qu'il a sur ses genoux*).

ODILE *travaille aux souliers, les yeux baissés.*

Non.

SOCK.

Il faudra y retourner... Mais, qu'as-tu aujourd'hui? Tu n'as pas dîné, tu es triste..... Oh! je parie que tu ne t'es pas amusée aussi bien que moi?

ODILE, *sans le regarder.*

C'est que je ne m'amuse pas à des riens.

SOCK.

A des riens? Oh parbleu! écoute, écoute... Eh! mais, dis-moi, ne sais-tu pas ou est Hanz? on ne l'a pas vu à la boutique.

ODILE.

Il est enga...

SOCK.

Hain?

ODILE.

Oui: comme tu le laisses courir nuit & jour, à la fin on l'aura peut-être engagé.

SOCK.

Bon ! ce ſera toi plutôt qui l'auras encore chagriné..... Engagé ? va, va, il eſt bien trop malin.

ODILE, *à part.*

Comme ſon père !

SOCK.

Ah ! çà, fais bien ces ſouliers-là, au moins... Oh ! ſi tu ſavois pour qui ils ſont, ſi tu ſavois le bon tour, l'aventure plaiſante.... ah, ah, ah ; tu ne t'imaginerois jamais ce qui m'eſt arrivé.

ODILE, *s'appuyant ſur la table, à part.*

Ni toi non plus !

SOCK.

Mais, qu'as-tu donc ?

ODILE.

Rien, un peu de migraine.

SOCK.

Eſt-ce que tu n'as pas pris ton café ?

ODILE.

Oh oui ! j'ai pris ma taſſe, je t'en réponds.

SOCK.

Eh bien ! écoute, écoute, cela te diſſipera... Imagine-toi qu'à peine étois-tu ſortie ce matin, j'ai été appellé chez un Officier, pour prendre meſure de ſouliers à une femme ; ah, ah, ah. (*Il ſe lève*).

ARIETTE.

Ah ! la plaisante histoire !
(Cela ne se peut croire).
Comment ! en tapinois,
Et chez un Militaire,
La femme d'un bourgeois !
Ah ! mon pauvre confrère !
Quoi ! vous traiter ainsi.
(*A Odile*).
Mais toi, ris donc aussi.
Quelle aventure !
Ah ! la parjure !
Ah, ah, d'un pareil tour
Je rirai plus d'un jour.

Mais encore un coup, ris donc ?

ODILE.

Moi rire ! (*Entre les dents*). Non, non, je ne ris pas...... (*Plus haut*). Et je ne conçois pas comment tu as pu te prêter à de pareilles manœuvres.

SOCK.

Pourquoi non ? j'aime les bons tours, moi.

ODILE.

C'est avoir bien peu de charité pour son prochain.

SOCK.

Eh ! que m'importe ? D'ailleurs, voilà le bon de l'histoire : c'est que je ne connois point cette femme.

ODILE.

Tu ne la connois pas? Et à qui vient-il faire ces contes-là?

SOCK.

Je veux être pendu, ſi je l'ai vue... Tiens, je donnerois volontiers le ducat que j'ai reçu pour la connoître.

ODILE.

Un ducat? j'entends. On t'a payé le ſecret.

SOCK.

Le ſecret! encore un coup, on ne m'a permis de voir que ſon pied ſous un rideau, & voilà ce qui me déſole.

ODILE.

Hon! il falloit que ce pied fût bien joli pour te donner tant de deſir de connoître celle à qui il appartient?

SOCK.

Il eſt vrai, il étoit charmant.... Le tien aſſurément n'eſt pas mal; mais il faut que je te l'avoue, l'autre m'a paru encore plus mignon.

ODILE, *à part.*

Je ſuis piquée.... le perfide!... Voyez ce que c'eſt que la propriété. (*Elle lui tourne le dos, toujours travaillant aux ſouliers*).

SOCK.

Eſt-ce que cela te fâche? Ah! tu es jalouſe! Eh bien! n'en parlons plus.... Oui, tu as raiſon pourtant; il faut avouer que cette femme ne vaut pas grand' choſe.

ODILE.

Je ne dis pas cela.

SOCK.

Comment? eſt-ce que tu voudrois maintenant excuſer une femme de cette eſpèce-là, toi?

ODILE.

Pas tout-à-fait; mais je ſuis ſûre, (*Se reprenant*) par tout ce que tu me dis, qu'elle n'eſt pas coupable.

SOCK.

Pourquoi ſe cachoit-elle? (*Il ſe remet à l'ouvrage*).

ODILE.

Voilà les hommes!

ARIETTE.

Bien loin d'oſer douter
Sur la ſimple apparence,
On doit ne s'arrêter
Jamais qu'à l'évidence.

Le plus léger ſoupçon
Sur le compte des Belles,
Offenſe leur raiſon,
Et les rend plus rebelles.

Bien loin, &c.

Il ſe trouve des cas
Qui forcent au myſtère :
Souvent l'on ne fait pas
Comme l'on voudroit faire.

Bien loin, &c.

(*Odile a l'air extrêmement embarraſſée, ſur-tout lorſque Sock la regarde*).

SOCK.

Mais dis-moi, eſt-ce que la tête te tourne? Avec ton apparence & ton évidence!... ah, ah... ſur l'apparence! Une femme cachée chez un Officier!... Va-t'en, va-t'en conter ces chanſons-là à ſon mari; mais à moi!.. à moi!... ah, ah, ah.

ODILE, *à part.*

Et à qui donc?

SOCK.

Va, va, nous ne ſommes pas faits d'hier.

ODILE.

Voici quelqu'un : je reſpire, enfin. (*Elle ſe lève*).

SCENE III.

SOCK, ODILE, MICHEL.

SOCK.

Ah ! ſerviteur, Monſieur Michel.

MICHEL.

Serviteur.... le très-humble ſerviteur de Madame Sock. (*Ils ſe ſaluent*).

SOCK.

J'allois porter les ſouliers à votre maître.

MICHEL.

Il eſt ſorti, & je viens l'attendre ici.

SOCK.

Pour notre marché?

MICHEL.

Oui... je parie que Madame Sock ne me reconnoît pas.

ODILE.

Moi? non, Monſieur.

MICHEL, *lui fait un ſigne qui la raſſûre.*

Nous nous ſommes vus pourtant plus d'une fois.

SOCK.

Et où cela ?

MICHEL.

A Straſbourg, dans ces jolies güinguettes, (*Se reprenant*) avec Monſieur ſon père. J'ai même eu l'honneur de danſer plus d'une allemande avec elle.

ODILE.

Il eſt vrai, Monſieur, je m'en ſouviens.

MICHEL,

Oui ; c'étoit à qui auroit l'avantage de vous donner la main.

SOCK.

Ha, ha ! c'eſt donc vous qui avez dit à votre maître que j'étois remarié. (*A part*). Ce Michel m'a l'air d'un dégourdi.

MICHEL.

Que de grâces ! que de légèreté ! que de viteſſe & de préciſion ! Vive l'allemande ! c'eſt ma danſe favorite.

ARIETTE.

Je ne m'étonne pas qu'ailleurs
On manque la cadence ;
C'eſt moins la faute des Danſeurs,
Que celle de la danſe.
Rien de plus aſſommant
Qu'une françoiſe.

(*Il chante une vieille contredanse françoise* laralla ralla, *& en faisant un chassé comique, il dit à Odile à l'oreille sur le ton de la contredanse :*

Ne vous inquiétez pas ;
N'ayez nul embarras.
(*Haut*).
On ne sait bien souvent
Quel pied mettre devant.
Passe encore une angloise :
On sent le mouvement.

(*Il chante & danse de même une angloise, & lui dit bas :*)

Lorsque mon maître viendra,
Observez ce qu'il dira.
(*Haut*).
Veux-je danser, vraiment :
Aussi-tôt je demande
Une allemande....
(*A l'Orchestre*).
Allons, Messieurs, vivement.

(*Il commence à frapper des talons, suivant le mouvement de l'air : puis il prend Odile, la fait danser en chantant l'air, & lui dit bas :*)

A votre gré tout finira.
(*Haut*).
Eh ! loustig oupsassa.
(*Bas*).
Et tout réussira.
(*Haut*).
C'est une danse que cela.

(*Il fait sauter Odile en la soulevant sous les coudes... Il la fait valser, & veut l'embrasser en tournant*).

SOCK,

SOCK, *l'arrêtant.*

Doucement, doucement... là, là.... nous ne ſommes plus à Straſbourg.

MICHEL.

Excuſez, ma foi; c'eſt que je ſuis comme mon maître: ce n'eſt que pour l'amour des Danſeuſes que j'aime la danſe.

SOCK.

Oh! votre maître; il me paroît qu'il s'accommode de tout, par exemple, (*A l'oreille*). cette femme de ce matin... hain?

MICHEL, *ricanant.*

Oui; la vôtre ne ſait rien de tout cela, n'eſt-ce pas? Mais voici mon maître.

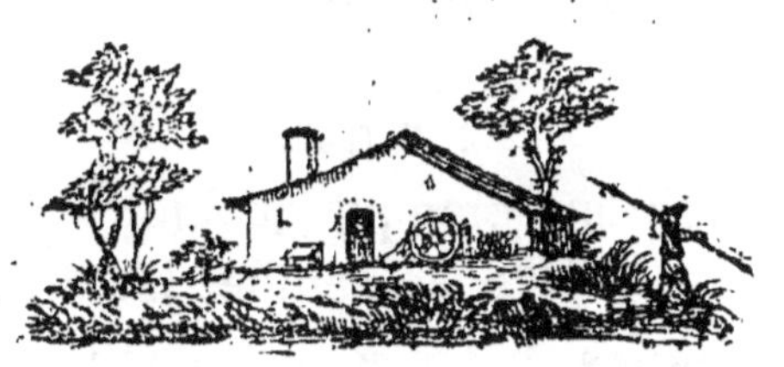

SCENE IV.

LE BARON, SOCK, MICHEL.

SOCK, *à Odile, appercevant le Baron.*

VA-T-EN ; tu n'as plus que faire ici. (*Odile s'en va à pas lents, après avoir salué le Baron.*)

LE BARON.

Pourquoi ne pas la laisser ? ah ! ce que vous faites-là est mal-honnête, vous ne me traitez pas en ami !

SOCK.

Il ne faut pas que les femmes sachent tout... enfin voilà les souliers, ils sont bien faits au moins.

LE BARON.

Là là ; on voit bien qu'ils ont été faits à la hâte.

SOCK.

Ma foi, s'il leur manque quelque chose, c'est votre faute... si vous m'eussiez laissé voir la personne, au moins aurois-je pu la chausser à l'air de son visage.

LE BARON, *indifféremment.*

Ma foi, j'aurois tout autant aimé que vous l'eussiez vue.

SOCK

Et bien allons les essayer !

LE BARON.

Non, non, ce n'est plus la peine, mon cher Sock... je viens vous l'avouer, j'ai changé de sentiment.

SOCK.

Comment cela ?

LE BARON.

Oui, cette personne a eu des scrupules... c'est une petite cruelle... enfin je me suis brouillé avec elle, &... vous pouvez garder vos souliers.

SOCK.

Ce n'est pas là mon compte... avec votre permission, Monsieur le Baron, vous avez commandé les souliers, vous aurez la bonté de les prendre, & je ne puis en conscience vous rendre votre argent. (*A part.*) On ne trouve pas tous les jours de pareils marchés.

LE BARON.

Il faut pourtant tâcher de s'arranger à l'amiable ; ne connoitriez-vous personne à qui ils puissent convenir ?

SOCK.

Qui ?

LE BARON.

Oui... là, quelque fillette dont vous nous parliez ce matin.

SOCK.

Faites, faites vos cadeaux vous-même... voyez un peu! .. mais je ſonge ... eh! gardez-les dans votre collection.

LE BARON.

Non, vous dis-je; je ne veux rien avoir qui me retrace l'image de cette perfide.

SOCK, *tirant Michel à part.*

Ne pourriez-vous pas les raccommoder enſemble?

MICHEL.

Moi?

SOCK.

Oui; faites cela pour moi, je vous en prie. (*Michel éclate de rire*).

LE BARON.

Eſt-ce que vous n'avez pas une fille à qui ils pourroient faire plaiſir? ... Eh! j'y penſe, donnez-les à votre femme.

SOCK.

A ma femme des ſouliers de ſoie?

LE BARON.

Pourquoi pas?

SOCK.

Songez donc, Monſieur le Baron: la femme d'un cordonnier!

LE BARON.

Ne m'avez-vous pas dit que vous étiez Officier municipal; & qu'à cela ne tienne, je vous assûre qu'en France, à Paris surtout, il est des femmes de cordonniers beaucoup mieux chaussées, que mainte danseuse de l'Opéra.

SOCK, *soûriant.*

A Paris, dites-vous?

LE BARON.

Demandez à Michel.

MICHEL.

Comment des cordonnieres? Jen ai vû avec des boucles de diamans aux piés.

SOCK.

Des boucles de diamans!

MICHEL.

De diamans, (*A part.*) de diamans du Rhin.

SOCK, *à part, soûriant.*

Elle m'en avoit justement demandé de semblables.

LE BARON.

Oui! avouez, maître Sock, qu'il entre un peu d'avarice dans votre fait.

SOCK.

Il est vrai que tout est si cher.

LE BARON.

Je m'en étois douté : ainsi plus d'excuse ; il faut que vous lui fassiez ce cadeau... enfin, c'est une idée que j'ai & il faut me satisfaire, sans quoi point d'autre marché.

MICHEL, *bas à Sock.*

Vous savez qu'il est singulier.

SOCK.

Mais vous me parlez de ces souliers pour ma femme, & vous ne savez pas s'ils lui sont propres.

LE BARON.

Ah ! c'est une autre affaire.

SOCK, *va prendre son compas.*

Pour moi, je les crois trop courts. (*Il en mesure un*). Il faut pourtant que je voye. (*Il laisse tomber ses bras*). Ma foi, comme s'ils avoient été faits pour elle.

MICHEL, *à part.*

Le benêt ! comme si !

SOCK.

Allons, je me laisse aller en faveur du marché que nous allons passer : mais je ne vous rends pas le ducat au moins.

LE BARON.

Soit; ce sera le ducat de pot-de-vin.

SOCK.

Ah ! çà, quant aux bottes que je dois fournir à ce régiment François, je ne puis en livrer la paire, l'une portant l'autre, à moins de deux ducats, & il me faut quelques avances.

LE BARON.

D'accord ... (*Il lui donne un rouleau*). Voilà vingt-cinq louis.

SOCK.

Mais il faudroit un petit mot d'écrit.

LE BARON.

Fi donc ! maitre Sock : vous avez ma parole, &... vous me donnez la vôtre? (*Le Baron lui tend la main*).

SOCK, *lui touche dans la main.*

Oui, parole d'Officier de Ville.

LE BARON.

Mais à condition... (*Il montre les souliers-mors-dorés*).

SOCK.

Oui, oui; (*Il le tire à part.*) mais comme je voudrois me faire un mérite de cette petite galanterie, je vous prierai de vouloir bien défendre à Michel de jamais dire à ma femme qu'ils viennent de vous ? Vous y consentez, n'est-ce pas ?

LE BARON.

Michel? . .. il n'oseroit ; (*S'en allant.*) reposez-vous sur moi, mon ami.

SOCK.

Oh! oui, Monsieur le Baron, je vous en prie.

LE BARON.

Sans adieu, mon cher Sock. (*Il sort*).

SOCK *le reconduit, & tire par l'habit Michel qui veut suivre son maître.*

Oh ! mon cher Monsieur Michel, faites-moi le laisir de me dire qui étoit cette femme de ce matin? Tenez, je vous chausserai un an gratis.

MICHEL.

En conscience je ne le puis ; car c'est bien la plus brave femme.....

SOCK, *éclatant.*

La plus brave femme !.. eh ! allons donc.

MICHEL.

D'honneur, je ne l'aurais jamais cru.

SOCK.

Mais, s'ils sont brouillés, il n'y a plus de scrupule à avoir.

MICHEL.

Au contraire, elle est honnête, & je le suis aussi ; serviteur... (*Il sort en courant*).

SCENE V.

SOCK, ODILE.

SOCK.

OUI, oui, honnête ! comme elle : ah ! parbleu je crois qu'ils sont à deux de jeu (*A Odile*). Ah ! tu viens fort à propos. Approche, approche.

DUO.

SOCK.

Ma chere enfant, je t'aime.

ODILE.

Je t'aime aussi de même.

ENSEMBLE.

Rien n'égale mon amour.

SOCK.

En ce jour
Je te trouve charmante !

ODILE.

Quel retour !
Ah ! combien il m'enchante !

SOCK.

Tu vois ces souliers-là...

ODILE, *rougissant*.

Oui-dà.

SOCK.

Eh ! bien, je te les donne.

ODILE.

A moi ?

SOCK.

A toi.

ODILE.

Non, non, pardonne.

SOCK.

Prends-les, friponne.

ENSEMBLE.

ODILE, *à part.*	SOCK.
Hélas ! je n'en puis plus.	Allons, plus de refus.

ODILE.

Mais, mais hier encor ...

SOCK.

Soit, hier j'avois tort.

ENSEMBLE,

ODILE, *à part.*	SOCK, *à part.*
Je commence à comprendre.	Je n'y puis rien comprendre.
C'est un tour du Baron.	Ah ! Monsieur le Baron !
Je ne sais si je dois les prendre.	Pourvu qu'elle voulût les prendre.

ODILE, *haut.*

Non, non.

SOCK.

J'ai voulu te surprendre.

ODILE.

Non, non, mon cher ami,

SOCK.

Oui, oui, j'ai refléchi.

ENSEMBLE.

Oui,
Ce seroit un crime inoui
De tromper ce pauvre mari. (*Fin.*)

SOCK.

Oui te dis-je, il y auroit conscience; ce pauvre bon homme! .. Tiens, encore une fois, ma chere, prends-les, je t'en prie; je te le demande en grace.

ODILE.

Je ne le puis; je ne le puis.

SOCK, *à genoux.*

Ma chere Odile, faut-il me mettre à tes genoux?

ODILE.

Oh! pour le coup cela est trop fort... il n'y a plus moyen de s'en défendre; & tu mérites toute ma tendresse. (*Elle lui serre la main & prend les souliers*).

SOCK, *fesant un grand soupir.*

Heureusement enfin!

ODILE, *à part, en riant.*

Il est trop bon, il est trop bon.

SOCK.

Allons, va les essayer & qu'il n'en soit plus question. (*Tendrement*). Tu les essaieras bien seule?

ODILE, *de même.*

Comme tu voudras.

SCENE VI.

SOCK, *seul.*

Ma foi, je tremblois qu'elle ne voulût pas les accepter ; elle m'eût joué là un vilain tour ; car ce Baron ne badine pas ; mais vive un homme comme moi, pour combattre un caprice !

ARIETTE.

Ce que c'est qu'une femme !
Ah ! combien sont touchants
Ses yeux charmans !
Et sur notre ame
Comme elle obtient certain pouvoir,
Sans le laisser prévoir !
Et, pour s'en prévaloir,
Elle n'a qu'à vouloir.

Si quelquefois, d'allarmes
Elle mêle le cours
De nos beaux jours ;
Bientôt des larmes,
Qu'impunément on n'ose voir,
Viennent nous émouvoir ;
Et, pour nous décevoir,
Elle n'a qu'à vouloir.

Quelle est donc la magie
De ses traits enchanteurs,
Toujours vainqueurs?
Elle nous lie
Par un attrait, par un savoir
Qu'on ne peut concevoir.
Quel est donc ce pouvoir?
Elle n'a qu'à vouloir.

SCENE VII.

SOCK; HANZ, *à demi ivre.*

SOCK.

Ah! drôle! C'est toi.

HANZ.

Oui, mon pere... c'est moi, c'est moi.

SOCK.

Et d'où viens-tu?

HANZ.

D'où je viens... eh! vous le voyez bien.

SOCK.

Tu es un joli garçon!

HANZ.

Oui, un joli garçon... vraiment, (*Il secoue sa poche ou il y a de l'argent.*) mon Capitaine me l'a bien dit.

SOCK.

Comment ! ton capitaine ? Il eſt donc vrai ?

HANZ.

Oui, vrai... très vrai... je ſuis dragon.

SOCK.

Quoi ! malheureux ! hélas ! oui, ta belle-mere me l'avoit bien dit.

HANZ.

Ma belle-mere... parbleu ! je le crois bien, elle m'a vû.

SOCK.

Elle t'a vû ! & où t'a-t-elle vû ?

HANZ.

Où elle m'a vû ? Comme ſi vous ne le ſaviez pas !

SOCK.

Mais où donc ?

HANZ.

Eſt-ce que vous ne l'avez pas envoyée chez mon Capitaine pour le prier de ne pas m'engager?

SOCK.

Chez ton Capitaine ?

HANZ.

Oui... chez mon Capitaine ; eh parbleu ! je ne ſuis pas encore ivre.

SOCK, *réfléchiſſant.*

Eh ! dis-moi ? ſais-tu ſon nom ?

HANZ.

Si je le ſais ? attendez... pi... pi... pié...

SOCK, *vivement.*

Piécourt !

HANZ.

Piécourt ; juſte.

SOCK, *en fureur.*

Piécourt !

HANZ.

Eſt-ce que vous le connoiſſez ? Oh ! c'eſt un brave homme.

SOCK.

Qu'entends-je ? eſt il bien vrai ?.. Odile !

HANZ.

Oh ! oui, je vous le jure, comme j'ai bû quatre bouteilles de vin, & comme je vais en boire encore quatre autres. (*Il veut s'en aller.*)

SOCK.

Arrête, .. juſte ciel ! Je ſuis trahi, déshonoré. (*Il appelle Odile & frappe du pied*).

HANZ.

J'ai fait là de la belle beſogne, moi.

SOCK.

Ah, ah ! Ce n'eſt pas ſans ſujet que tu voulois juſtifier cette femme, mais je te...

ODILE, *à genoux.*

O ciel !

SCENE VIII & *derniere.*

Les Acteurs précédens, LE BARON, MICHEL, LE BRIGADIER.

LE BARON, *au Brigadier, montrant Hanz.*

LE voilà, arrêtez-le, & qu'on l'emmène.

SOCK, *l'arrêtant.*

Doucement, doucement. (*Entre les dents en fureur.*) Monsieur, Monsieur, si vous n'aviez sur le corps un uniforme respectable, je vous, je vous...

LE BARON

Qu'est-ce donc ?

SOCK.

Vous pouvez le demander ? Comment ! me cajoler, m'amadouer pour suborner ma femme & enrôler mon fils !.. Me jouer le tour le plus sanglant ! puis me berner encore ? Allez, cela n'est pas digne d'un Officier d'honneur.

LE BARON, *au Brigadier, montrant Hanz.*

Je vous l'avois prédit : pourquoi le quitter aussi ?

LE BRIGADIER.

Il n'y a pas moyen de le tenir ; cela n'a pas de subordination.

LE BARON.

LE BARON, *la fait relever.*

Levez-vous Madame Sock... entendons-nous, maître Sock ; je suis obligé de rendre hommage à la vérité.

SOCK.

Quel hommage !

LE BARON.

Un hommage juste & dû. (*Avec chaleur*). J'étois seul ce matin chez moi... Michel étoit sorti, il rentre & me dit, qu'il y avoit à ma porte une jeune femme, qu'il connoissoit.

SOCK.

Qu'il connoissoit .... le fourbe !

MICHEL.

Je vous l'ai déjà dit, je la connoissois mal.

LE BARON.

Paix... Une jeune femme mariée depuis peu, à vous donc ; qui s'étoit méprise, croyant entrer chez le Conseiller mon voisin, il m'a proposé de la faire entrer, pour rire un moment de sa méprise.

SOCK.

Pour rire un moment.

LE BARON.

Ne m'interrompez donc pas... je me suis donné à elle, pour être ce Conseiller... Elle avoit des mules à la main ... de propos en propos, je lui ai demandé pourquoi elle n'en portoit pas de pareilles ... elle m'a répondu (modeſtement toutefois), que vous ne le vouliez pas ... l'idée plaiſante m'eſt venue alors, de voir un Cordonnier prendre meſure de ſouliers à ſa femme, ſans qu'il la connût, je vous ai fait venir à ſon inſçu ... elle a été obligée de ſe cacher malgré elle ...

SOCK.

Malgré elle ?

LE BARON.

Sans doute, vous vous ſouvenez de la menace de tirer le rideau ?

SOCK.

Il eſt vrai.

LE BARON.

C'étoit pour la forcer; & vous ſavez le reſte.

SOCK.

Je ſais le reſte... oh! Si je le ſavois!

LE BARON.

Vous pouvez tout ſavoir ... je vous jure ſur l'honneur...

SOCK.

Sur l'honneur ... ſur le vôtre, mais non pas ſur le mien je gage.

LE BARON.

Sur le vôtre, ſur celui de votre vertueuſe, de votre reſpectable femme, à qui je demande ſincérement pardon.

MICHEL, *à genoux*.

Et moi auſſi.

SOCK.

Mais, on ne le croira jamais?

LE BARON.

Oui, qui ne croiroit pas à la vertu.

SOCK.

Belle vertu vraiment! d'aller révéler les ſecrets du ménage!

ODILE

Plus excuſable peut-être que celle de chauſſer plus d'une femme gratis.

SOCK.

Comment?

ODILE.

Oui, oui, ton marchand de Strasbourg, ne t'a pas trompé comme tu l'aurois mérité.

SOCK, *conſidere le Baron*.

LE BARON.

Elle a tout entendu, je vous ai fait jaſer exprès?

SOCK.

Meſſieurs les apprentifs en malice, (*Montrant le Baron*). voila votre maître!... allons, il faut bien en ménage se passer réciproquement quelque chose.

ODILE.

Vas tu n'as rien à me passer... qu'un peu d'étourderie.

SOCK.

Je le souhaite, & j'aime mieux que l'on dise de moi que j'ai été assez bénêt pour ne pas reconnoître le pié de ma femme, que de laisser penser que j'eusse le moindre soupçon de sa fidélité.

LE BARON.

On ne pensera rien, on ne saura rien, vous dis-je (*aux autres*]. Vous, je vous impose silence sous les peines les plus graves.

HANZ.

Oh! je ne jase jamais, moi.

SOCK.

C'est à merveille, mais il faut que vous ayez la bonté de relacher ce grand drôle-là.

LE BRIGADIER.

Oui, car aussi bien, il a le pié trop léger.

HANZ, *pleurant.*

Eh non, je veux servir, moi!

ODILE.

Non, Hanz, reste avec nous, tu vois bien que la guerre est finie.

HANZ.

Oui; eh bien! la paix donc : la paix. (*Il touche dans la main d'Odile*).

LE BARON, *aux époux.*

Embraſſez-vous, & je prends tout ſur moi.

SOCK.

Volontiers. (*Ils s'embraſſent*).

LE BARON.

Ah çà, Maître Sock; ah çà, Madame Sock, (*Il les prend par la main*), il me revient une de vos mules pour ma collection.

SOCK.

D'accord; mais de la diſcrétion.

ODILE, *un peu à l'écart.*

Et que vous n'y mettrez pas d'apoſtille.

LE BARON.

Elle ne pourroit que vous être avantageuſe. Au ſurplus, vous ne m'en voudrez pas, je gage.

ODILE.

Au contraire, vous me prouvez qu'un François, à la fois galant & diſcret, eſt l'être du monde le plus aimable.

VAUDEVILLE.

ODILE, *au Baron.*

Chez l'Étranger, on n'apprécie
Le François qu'après ſes trente ans;
Alors, à l'aimable folie,
Il joint l'eſprit & le bon ſens.
Vous avez dévancé cet âge:
Vous me faites d'un badinage
Une leçon utile & ſage;
Tout le monde eſt rapatrié....
Et trouve chauſſure à ſon pié.

SOCK, *à ſa femme.*

Foin des querelles du ménage,
Elles ne cauſent rien de bon;
La femme exige, elle fait rage,
L'époux refuſe ſans raiſon:
L'un ſe fâche, l'autre s'entête;
Plus de plaiſir, jamais de fête,
Et faute que chacun ſe prête,
Un jour l'une ou l'autre moitié
Trouve enfin chauſſure à ſon pié.

LE BARON.

Damis, que l'inconſtance mène,
Vivoit chez la femme d'autrui;
Un ſoir il revient chez la ſienne,
Croyant que l'on ſongeoit à lui:
Il s'endort, ce mari crédule;
Mais s'éveillant au crépuſcule,
Il voit qu'on a changé ſa mule,
Il n'étoit rien moins qu'oublié:
Il trouva chauſſure à ſon pié.

LE BRIGADIER.

Qu'un déſerteur un pied ſe caſſe
En franchiſſant ſon parapet ;
Qu'un poltron qui fait volte-face
Aux talons attrappe un boulet :
Tous deux en quittant la carrière,
D'un honneur pour eux trop ſévère,
Ont bien mérité ce ſalaire ;
Ils n'éprouvent point de pitié.
Chacun a chauſſure à ſon pié.

Je vois un jour Liſe qui boite,
Et minaudant fait des faux-pas ;
Je crois ſa mule trop étroite,
Je veux aider cet embarras.
Mais quelle eſt ma ſurpriſe extrême ?
Quand, voulant en juger moi-même,
Je m'apperçois du ſtratagême,
Et je reſte pétrifié
De trouver chauſſure à mon pié.

MICHEL, *au Public.*

J'ai commencé cette aventure,
Mon maître vient d'y mettre fin ;
Mais, Meſſieurs, pour la mieux conclure,
Mettez-y la dernière main :
Beau ſexe, a-t-elle ſû vous plaire ?
Venez derrière la portière
Employer notre miniſtère,
Nous ſerons tous trop bien payés
De trouver chauſſure à vos piés.

Refrain en Chœur.

Venez derrière la portière
Employer notre miniſtère,
Nous ſerons tous trop bien payés.
De trouver chauſſure à vos piés.

APPROBATION.

J'AI lu, par ordre de Monſieur le Lieutenant-Général de Police, *les Souliers Mors-dorés*, Comédie en Proſe, avec des Ariettes & en deux Actes; & je n'y ai rien trouvé qui m'ait paru devoir en empêcher, ni la repréſentation, ni l'impreſſion. A Paris, ce 8 Mars 1775.

CRÉBILLON.

Vu l'Approbation, permis de repréſenter & d'imprimer, ce 9 Mars 1775.

LENOIR.

De l'Imprimerie de la Veuve BALLARD, rue des Mathurins, 1776.

www.ingramcontent.com/pod-product-compliance
Lightning Source LLC
LaVergne TN
LVHW010618110826
845149LV00003B/959